AF357742

VENTE

des Lundi 23 et Mardi 24 Décembre 1912

HOTEL DROUOT — SALLE N° 10

A 2 HEURES

EXPOSITION PUBLIQUE

Le Dimanche 22 Décembre 1912

DE 2 HEURES A 6 HEURES

BEAUX BIJOUX

IMPORTANT COLLIER DE PERLES

DIADÈME BRILLANTS ET PERLE

DENTELLE

Me LÉON DE CAGNY

COMMISSAIRE-PRISEUR

M. FALKENBERG

EXPERT

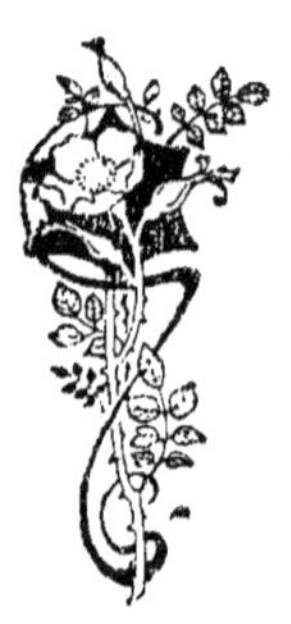

C. CHAUFOUR, IMPRIM.
6-8, RUE MILTON, PARIS

CATALOGUE

DES

BEAUX BIJOUX

Broches, Barrettes, Bracelets, Pendentifs, Pendeloques, etc.
Ornés de Brillants, Emeraudes, Rubis. Saphirs, etc.

IMPORTANT COLLIER DE 59 PERLES

DIADÈME BRILLANTS ET PERLE

Dentelle Point d'Alençon

Volant de 10 m. long., 0 m. 30 haut.

HOTEL DROUOT – SALLE N° 10

Les Lundi 23 et Mardi 24 Décembre 1912

A 2 HEURES DE RELEVÉE

———————

Mᵉ LEON DE CAGNY, **Commissaire-Priseur**
'8. *Rue Drouot, 8*

M. FALKENBERG, Expert près le Tribunal de Première Instance de la Seine
6, *Rue Lafayette, 6*

———————

EXPOSITION PUBLIQUE

Le Dimanche 22 Décembre 1912, de 2 heures à 6 heures

CONDITIONS DE LA VENTE

Elle sera faite au comptant.

Les acquéreurs payeront *dix pour cent* en sus des enchères.

L'exposition mettant le public à même de se rendre compte de l'état des objets, il ne sera admis aucune réclamation une fois l'adjudication prononcée.

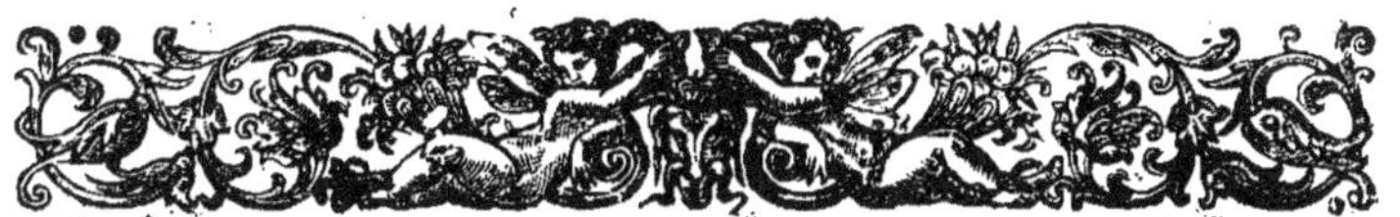

DÉSIGNATION

---

1 — **IMPORTANT** COLLIER composé de cinquante-neuf perles.

Poids brut 937 grains.

2 — DIADÈME formé de rinceaux et d'ornements en brillants. Pendeloque perle poire.

3 — PENDENTIF formé de deux palmes en brillants et terminé par une pendeloque formée d'un gros brillant blanc rosé entouré d'ornements en festons et suspendu par un chaton brillant. Chaînette platine.

4 — Broche formée d'une barrette en brillants soutenant
une coquille sertie de brillants et de roses au milieu
de laquelle est suspendue une belle émeraude brio-
lette.

5 — Broche formée de trois ornements linéaires sertis de
brillants et de roses. Chaque ornement terminé par
un brillant.

6 — Broche formée d'un beau brillant carré accompagné
de brillants.

7 — Broche-barrette : un saphir entre deux petits brillants.

8 — Broche formée d'un beau saphir entouré de dix
brillants.

9 — Broche formée d'un rubis entouré d'un rang de
petits brillants et d'un second plus important.

10 — Deux broches semblables à la précédente, mais
plus petites.

11 — BROCHE en or formée d'un gros brillant entre quatre rubis cabochons.

12 — PENDELOQUE formée d'un chaton brillant et d'un motif composé d'une turquoise entourée d'un rang festonné et d'ornements sertis de brillants.

13 — BROCHE cœur gros saphir et brillants.

14 — BROCHE formée d'un brillant et d'un rubis entourés d'une bande de brillants.

15 — DEUX BRILLANTS en pendeloque montés sur une chaînette en platine agrémentée d'un nœud brillant et roses.

16 — MÉDAILLON en forme de cœur formé d'un saphir entouré d'un rang de brillants.

17 — BROCHE formée d'un cercle monté de brillants.

18 — BROCHE-BARRETTE formée de onze perles entre deux bandes brillants et roses.

19 — BROCHE-BARRETTE en or surmontée de onze perles et
de deux brillants.

20 — BROCHE représentant une branche en brillants;
saphir cabochon.

21 — BROCHE ronde en forme de palmette persane formée
de saphirs cabochons et de brillants.

22 — NŒUD en rubis, brillants et saphirs enserrant un
brillant.

23 — BROCHE-BARRETTE formée de deux perles blanche et
grise, de brillants disposés en trèfles, d'un rubis et
d'un saphir cabochon.

24 — BARRETTE formée de trois brillants séparés par des
petits fleurons brillants et roses.

25 — BROCHE formée d'une plaque pavée de rubis et de
brillants à laquelle est suspendu un motif rubis
entouré de brillants.

26 — BROCHE triangle divisée en triangles formés de brillants et de trois perles.

27 — BARRETTE formée de deux ornements en grecque
saphirs et brillants, séparés par une navette saphir.

28 — BROCHE croissant brillants et émeraudes.

29 — BROCHE-BARRETTE en forme d'S, enrichie de cinq brillants bruns et de cinq blancs, avec, au centre, un
cabochon saphir.

30 — BROCHE triangle saphir entouré de brillants, une
perle à chaque sommet du triangle.

31 — BROCHE représentant un trèfle à quatre feuilles, turquoises entourées de brillants ; la tige pavée de
brillants.

32 — BROCHE ronde en forme de nœud en brillants, aux
extrémités émeraudes cabochons.

33 — Broche formée de deux motifs entrelacés, l'un en
saphirs, l'autre en brillants.

34 — Deux motifs nœuds pavés de brillants.

35 — Pendeloque saphirs et brillants terminée par une
perle baroque.

36 — Sautoir en platine orné de chatons brillants et turquoises alternés.

37 — Bracelet en or enrichi d'une barrette brillants et
rubis.

38 — Bracelet serpent en or émaillé bleu, brillants sur
la tête, yeux en rubis.

39 — Bracelet en or formé de motifs nœuds marins avec
au centre un cabochon rubis ou un saphir.

40 — Bracelet en or, cabochons saphirs.

41 — PENDELOQUE émeraude cabochon.

42 — BROCHE formée d'un cercle en or enrichi de deux
cabochons émeraudes et de brillants.

43 — BROCHE en fil d'or avec pendeloque émeraude au
centre.

44 — BROCHE en forme d'anneau ovale en or ornée d'un
cercle en brillants et terminée par un brillant entre
deux perles.

45 — BROCHE en forme de trèfle dont les feuilles sont des
cabochons saphirs, le centre et l'arrachée formés par
quatre brillants.

46 — BROCHE en or représentant une chimère venant
mordre un chaton monté d'un cabochon émeraude.

47 — BROCHE formée de deux ornements en brillants
reliés par un anneau en émeraudes et surmontés
d'une perle.

48 — Broche or, trèfle en saphirs cabochons; un brillant.

49 — Broche-barrette trèfle, brillants et roses.

50 — Broche-barrette formée de deux brillants, de deux saphirs et d'un rubis.

51 — Barrette un brillant entre deux rubis de Siam et petits brillants.

52 — Broche ronde en or, grecque repercée. Au centre, cabochon saphir entouré de brillants.

53 — Broche fer à cheval et clou en or, brillant brun et cabochons saphirs.

54 — Broche-barrette en or, deux motifs rubis entourés de brillants.

55 — Broche ovale en or. Au centre, un cabochon grenat, quatre brillants.

56 — Broche-barrette en forme de nœud marin en or, terminée par une plaque de saphir entre deux brillants.

57 — Broche ronde en or surmontée d'un carré décoré et enrichi de brillants, perle, rubis, saphir.

58 — Broche-barrette sept turquoises et brillants.

59 — Broche-barrette en or martelé, rayée d'une bande de saphirs entre deux de roses.

60 — Broche feuille en or, un saphir, un brillant.

61 — Broche nœud or. Aux extrémités, deux brillants, un saphir et un rubis cabochons.

62 — Broche formée de fils d'or entrelacés et terminés par une perle baroque et un saphir.

63 — Broche-barrette en or, trois rubis cabochons.

64 — BARRETTE pépites d'or laminées montées de brillants, rubis, saphir.

65 — BROCHE-BARRETTE or martelé, un saphir cabochon entre deux brillants.

66 — BROCHE en forme de croix de St-André pointée de quatre perles et de quatre lapis.

67 — BARRETTE émail rose, brillants, roses, deux perles noires.

68 — BROCHE cabochon rubis.

69 — BROCHE demi-boule améthyste, ornements brillants incrustés.

70 — BROCHE anneau plat en or; un rubis, un brillant.

71 — BROCHE formée de deux fers à cheval en or, deux brillants et cabochons saphir et rubis.

72 — Broche onyx roses et rubis.

73 — Broche en or en forme de coquille ornée de filigranes ; au centre, une perle.

74 — Broche-barrette or martelé, une turquoise.

75 — Broche croissant or lapis et roses.

76 — Broche-barrette : trèfle et tiges en roses, saphir cabochon.

77 — Barrette or, deux turquoises.

78 — Barrette or, sardoine verte.

79 — Barrette or, oiseau en roses et perle.

80 — Broche-barrette en or, turquoise cœur.

81 — Broche fil d'or, scarabée turquoise.

82 — Broche pierre rouge dans un cadre émaillé, quatre
brillants.

83 — Breloque saphir taillé fantaisie retenu par une
monture à jour or et brillants.

84 — Pendeloque formée d'une améthyste cabochon
entourée d'un rang de petites roses; bélière et anneau
en roses, chaînette platine.

85 — Petite montre de dame en or, pavée de saphirs,
brillants et roses, suspendue à une barrette assortie.

86 — Deux épingles de dentelles en brillants.

87 — Bague serpent, deux corps platine et or, ornée d'un
saphir et d'un brillant.

---

88 — Volant en dentelle point d'Alençon

10 m· long., 0 m. 32 haut.

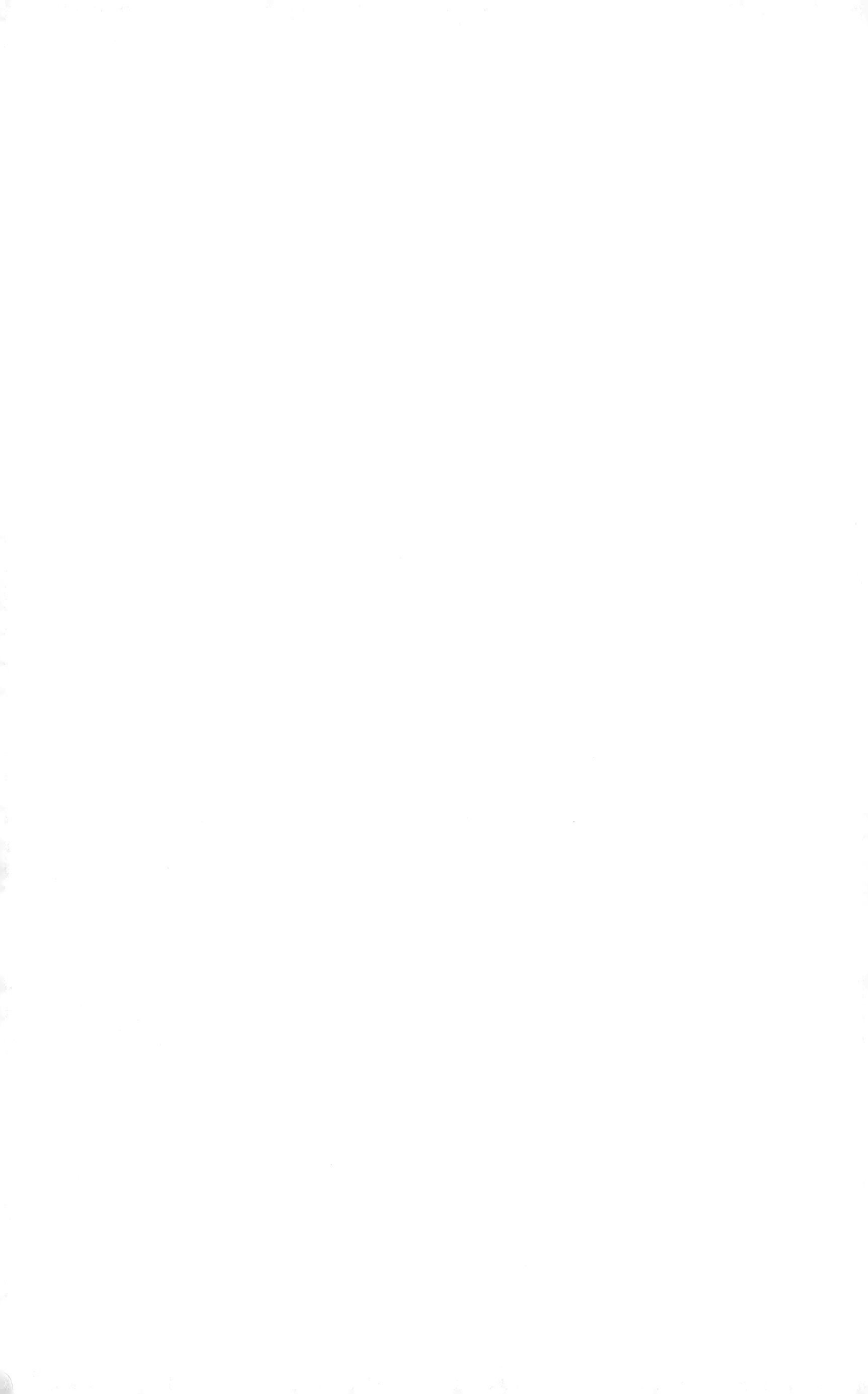

9 782329 505831